AF460793

LES
DELICES
DU
CLOITRE
OU
LA NONE ECLAIRÉE.

Avec un Discours préliminaire.

MDCCLXI.

A MADAME LA MARQUISE DE * * * *

MADAME,

La dernière fois que j'eûs l'honneur de vous voir, nous nous entretînmes sur la vie des Religieuses ; vous prîtes leur parti avec autant de vivacité & de zèle, que s'il eût été question d'un article fondamental de notre Religion. Le Cloître, disiez-vous, est une école de vertu & de perfection; les tentations & les vices en sont entiérement bannis: la vie des Religieuses est une vie toute pure & sainte, éloignée de tous les dangers du siècle, & délivrée de tous les soins & de tous les embaras du mariage. Enfin le Cloître selon vous étoit un paradis habité par des Anges, qui ne goûtent que des plaisirs spirituels, & des délices célestes. C'est pour cela, ajoutâtes-vous, que j'ai pris le parti de faire ma fille Religieuse. Je l'aime tendrement, & je vous avoue que ce ne sera qu'avec un très-grand regret que je me priverai d'elle; mais je ne crois pas pouvoir la rendre plus heureuse, ni lui procurer un plus grand bien, qu'en la consacrant à Dieu.

Je ne pûs pas m'empêcher, MADAME, de vous contredire là-dessus, & je n'oubliai rien pour vous faire revenir d'un tel préjugé Je plaignis le sort de votre fille, qui dans la fleur de son âge, admirée par sa beauté, par sa politesse & par la vivacité de son esprit, étoit malgré toutes ces belles qualités, condamnée par

par un aveugle ſentiment de Religion à être renfermée entre quatre murailles, & perduë pour jamais : & pendant qu'on croyoit l'offrir au ciel comme une victime ſans tache, on l'expoſoit à être la victime de l'impureté. Je voulois à cette occaſion prendre la liberté de vous découvrir tout ce que je ſais du Cloitre, la vie infâme qu'on y mène, & quels ſont les plaiſirs & les délices de ces Anges femelles, dont on a prétendu conſacrer le corps & l'ame au ſervice de Dieu. Vous ne voulûtes point m'écouter, & même vous me fîtes une ſévere reprimande, comme ſi je voulois par des contes faits exprès, noircir la candeur de ces ames innocentes ; & vous me défendîtes de vous en parler davantage.

Depuis ce temps-là, MADAME, je me ſuis entretenu ſur le même ſujet avec pluſieurs de mes amis. Ils ont tous été de mon ſentiment, tous ont été étonnés de la réſolution, que vous avez priſe de faire votre fille Religieuſe, & tous prennent part à ſon malheur. Il y en a un entr'autres, fort honnête homme, & d'un âge avancé qui a vû beaucoup le monde, & qui a été en correspondance avec des Religieuses, non seulement en France, mais en Italie, en Espagne & en Portugal. Il a passé une grande partie de son tems au parloir & à la grille, & il est parfaitement instruit de ce qui se passe dans les Cloîtres.

„ Je suis surpris, me dit-il, que
„ Madame votre Cousine ajoûte foi à
„ tout ce qu'on nous dit de la pureté &
„ de la sainteté des Religieuses, elle qui
„ a un assés grand usage du monde pour
„ en être mieux informée. Je veux
„ plûtôt croire qu'elle parle & agit ainsi
„ par politique. Cela est assés ordinaire
„ aux parens qui cherchent à se débarasser de leurs filles. Ils n'ont égard
„ qu'à l'honneur & à l'avantage de la
„ famille; c'est ce qui les détermine à
„ prendre le parti du Couvent, & non
„ pas à rechercher le bonheur & le salut de leurs enfans. Le débordement
„ de la vie des Religieuses est si bien
„ connu à présent, que l'on n'en sauroit douter. Ceux qui tâchent de nous
„ en donner d'autres idées, n'ont que
„ leur propre interêt en vûe. Pour moi,
„ je

„ je puis vous assûrer, que ce que je
„ connois du Cloître, je l'ai appris de
„ la bouche des Religieuses mêmes, &
„ des personnes qui ont la permission
„ d'entrer dans leurs couvens & de con-
„ verser avec elles. Vous ne sauriés,
„ Monsieur, croire à quel dégré d'énor-
„ mité le débordement y régne, & à quel
„ excès les impuretés y sont parvenues.
„ J'en ai fait un portrait allés naïf,
„ quoique fort au dessous de l'original,
„ dans un petit écrit en forme de Dia-
„ logue. Si vous voulés prendre la pei-
„ ne de le lire, je vous l'enverrai". Je n'hésitai pas à accepter l'offre qu'il venoit de me faire, & le lendemain je reçus son manuscrit, & je le lûs. Je ne vous dirai pas l'impression qu'il fit sur moi, vous en pourrés mieux juger quand vous le lirés vous-même.

J'ai l'honneur, MADAME, d'être votre proche parent, & je vous ai en plusieurs rencontres donné des preuves de mon attachement, & de l'interêt que je prens à tout ce qui regarde le bien de votre famille. Après cela, je me flate que vous serés persuadée de la sincerité de de mes intentions en vous envoyant ce petit écrit. Vous y verrés une vive représentation des *Délices du Cloître*, & par-là vous jugerés quelles sont ces divines lumieres de vertu & de perfection, dont les Religieuses sont *éclairées* pour faire leur salut. On a joint aux Dialogues un Discours préliminaire pour en faire connoître le véritable but, & l'utilité qu'on en peut retirer. Lisés donc ces deux ouvrages, MADAME, je vous en conjure ; j'espère que par la lecture des Dialogues, vous changerés de sentiment & de résolution par rapport à Mademoiselle votre fille ; & par celle du Discours vous approuverés le tour qu'a pris l'Auteur des Dialogues pour peindre les désordres du Cloître. J'ai l'honneur d'être avec un parfait attachement.

MADAME,

Votre très-humble, & très-obéïssant Serviteur & Cousin.

DIS-

DISCOURS
SUR
Le But & l'Utilité des Dialogues suivans.

Le but, qu'on s'est proposé en publiant ces Dialogues, est de représenter comme dans un tableau les déplorables effets d'une tirannie religieuse, qui soutenue par un interêt mondain, impose des loix injurieuses à la nature & à la liberté chrétienne, contraires à la conservation de l'état, honteuses à l'Eglise, & qu'on ne peut pas se promettre de pouvoir observer : loix, qui au lieu de rendre ceux qui s'y soumettent plus heureux & plus vertueux que les autres, les exposent à être pour toûjours plus misérables, & plus adonnés au vice. On voit ici que c'est en vain qu'on prétend éloigner les jeunes filles du commerce du monde, en les consacrant à Dieu par des vœux solemnels & en les enfermant dans des Cloîtres pour les garder nettes des souillures de l'impureté. Rien de tout cela n'est capable d'amortir le feu de la concupiscence, que la nature allume dans

 leur

leur ſein ; au contraire, il le fait brûler avec plus d'ardeur. C'eſt ce feu qui conſume le corps & trouble l'eſprit de ces innocentes victimes de la ſuperſtition, & de l'interêt des familles, par des inquiétudes continuelles qui les jettent enfin dans le déſeſpoir. Elles regardent le Cloître comme un enfer, & leur état comme le plus malheureux, ſe voyant privées d'un bien, dont les autres ſont en poſſeſſion, & dont elles jouiſſent ſans contrainte & ſans blâme, & même, avec honneur dans le monde. Elles ſe plaignent de leur ſort, & crient contre l'injuſtice qu'elles ſoufrent d'être dépouillées d'un droit que la nature & le ciel leur avoient accordé. Ces réfléxions ne ceſſent de les tourmenter nuit & jour, & l'envie qu'elles ont d'acquérir ce bien s'augmentant de plus en plus juſqu'à la fureur, il arrive qu'enfin malgré tous les ſoins qu'on peut prendre de les en empêcher, elles s'abandonnent au penchant d'une paſſion violente & déréglée, qui les plonge dans un abîme d'impureté, & de crimes affreux. Plût à Dieu, que ceux à qui il appartient, vouluſſent ſe réſoudre à prévenir de tels débordemens par l'abolition

de

de ces loix si préjudiciables au bonheur de la vie, & si pernicieuses au bien de l'état & de l'Eglise, & au salut des ames.

Quoique ce qu'on vient de dire puisse justifier la conduite de l'auteur de ces Dialogues; cependant bien loin de lui répondre de l'approbation du public, je suis sûr qu'il y aura beaucoup de gens qui lui feront un crime de sa bonne intention. Ils déteſteront son Ouvrage, comme une satire pleine de fauſſetés inventées pour décrier dans le monde la vie exemplaire des pauvres Recluses; ils seront choqués du portrait libre qu'on en fait ici, & prétendront qu'il est contraire aux régles de la bien-séance, & met en danger l'innocence & la pureté des mœurs.

Je tâcherai de répondre à ces objections. Cependant je ne ferai juges de cette cause, que les personnes raisonnables & éclairées, qui ne se font point un scrupule d'examiner les choses pour connoitre la vérité. C'est à elles seulement que je m'adresse. Car pour les persones scrupuleuses, elles ne sont pas en état d'en pouvoir juger. Les préjugés de l'éducation, la vie qu'elles professent, ou

la

la diſpoſition du tempérament les rendent incapables d'enviſager la vérité, & elles n'oſent pas la regarder lors même qu'on l'offre à leurs yeux, crainte d'être éblouïes par ſa ſplendeur; aimant les ténébres de l'erreur où elles ſe croient être en ſûreté par une ſainte ignorance, qui leur ſert de guide & de lumiére.

Je dis donc en prémier lieu, qu'il faut être bien ignorant de ce qui ſe paſſe dans le monde, pour ne pas ſavoir le déréglement des mœurs qui régne dans les Cloîtres. C'eſt un mal connu de tout tems, l'hiſtoire nous en fournit des exemples, tous les gens de bien en géniſſent, & en ſouhaitent le reméde; & plût à Dieu que ce mal ne fût pas encore plus grand que l'Auteur ne l'a dépeint!

En ſecond lieu, je réponds que rien n'eſt ſi capable de nous faire déteſter le vice, qu'une vive peinture du vice même. Qu'on loué tant qu'on voudra la vertu; qu'on étale avec tout l'art de l'éloquence ſes beautés & ſes perfections; qu'on nous prêche la morale, & nous donne des régles pour bien vivre; tout cela, dis-je, fera moins d'impreſſion ſur le cœur de l'homme pour le rendre vertueux,

tueux, que la repréſentation du vice tel qu'il eſt. La nature humaine eſt ſi corrompuë, qu'elle n'a de penchant que pour le vice; elle regarde la vertu comme un tiran, qui cherche à lui arracher la liberté en la privant des plaiſirs. Quel moyen donc faut-il employer pour la détourner autant qu'il eſt poſſible de ce penchant? C'eſt de lui faire un portrait naïf du vice, qui lui en repréſente toute la laideur & la difformité, & l'état affreux où il jette ceux qui en ſont les eſclaves. Plus on dévoile le vice, plus il nous donne de l'averſion & de l'horreur. C'eſt par-là qu'on commence à connoître la vertu & à la rechercher, comme nous enſeigne la vraye philoſophie fondée ſur l'expérience. Les loix mémes nous font connoître les crimes en les défendant, & les puniſſant; ce qu'elles ne ſauroient faire ſans les bien diſtinguer & circonſtancier. En effet, comment pourroit-on jamais impoſer un châtiment proportioné à la qualité & au dégré des crimes, ſans en connoître la nature, & en marquer les differentes eſpéces? Les impuretés ſont en plus grand nombre, & d'eſpéces plus differentes qu'aucun autre vice. Pour être

être convaincu de la verité de ce que je dis, on n'a qu'à jetter les yeux sur les loix de chaque pays, les écrits des Jurisconsultes, les anciens canons de l'Eglise; & sur-tout, si on veut en être mieux informé, les livres des Casuistes.

D'ailleurs, on ne sauroit blâmer la conduite de l'Auteur sans faire injure aux Péres de l'Eglise, & même aux Ecrivains sacrés, qui dans une infinité d'endroits nous font la description de plusieurs sortes d'impuretés.

Ajoutez à cela que de tous les vices, il n'y en a pas un dont la laideur nous doive être plus sensible que celui de l'impureté; non pas tant à cause de ses diverses difformitez, & de ce qu'il abrutit l'homme, & le rend pire que les bêtes mêmes, que parce que c'est le vice auquel la corruption de notre nature est plus portée, & pour ainsi dire entrainée, sans un secours extraordinaire de la Grace. Mais qui nous assurera de ce secours? Et n'est-ce pas notre devoir d'employer tous les soins, & toutes les forces que la raison nous fournit, pour résister à ce malheureux penchant? Et pourrons-nous y employer un moyen plus naturel,

&

& plus conforme à la raiſon, que celui d'envifager l'impureté telle qu'elle eſt? Son image eſt ſi terrible & ſi affreuſe, qu'on ne peut la regarder ſans rougir & frémir d'horreur. Auſſi voyons-nous que les Ecrivains inſpirés ſe ſervent de cette image pour nous repréſenter plus au vif la grandeur & l'abomination de l'Idolatrie. Ils nous la repréſentent ſous l'image d'une Proſtituée qui s'abandonne à tous venans. Enfin, c'eſt par tout ce qu'on peut s'imaginer de plus obſcéne & de plus ſale, qu'ils s'attachent à nous la faire connoître. C'eſt ainſi qu'ils cherchent à nous faire mieux ſentir la grandeur de ce péché, & à nous en inſpirer de l'horreur, afin de nous amener à la vertu & à l'obéïſſance de la loi divine. Qui pourra s'imaginer qu'ils euſſent tenu cette conduite, s'ils avoient crû par-là choquer la pudeur & les régles de la bienſéance, & offenſer les ames ſcrupuleuſes, ou inſpirer l'impureté? Ce ſeroit blâmer la conduite du Saint Eſprit, qui leur ſervoit de guide, & qui parloit par leur bouche. Après cela oſeroit-on condamner l'auteur de cette piéce? Pouvoit-il propoſer de meilleurs modéles?

Si on veut ſérieuſement réfléchir ſur ces

ces raisons, on ne trouvera point à redire à son ouvrage, & si en le lisant, on veut porter la vûë sur le but qu'on a eu en le publiant, on y trouvera dequoi profiter. Mais s'il arrive le contraire, ce que nous ne voudrions pas, on ne doit point nous en blâmer, mais la disposition vicieuse du cœur du lecteur. C'est l'habitude du vice qui est la cause de sa foiblesse, & qui l'a mis dans un état d'esclavage, & dans l'impuissance de s'en délivrer. Il s'est tellement familiarisé, s'il m'est permis de parler ainsi, avec l'impureté, qu'il ne voit en elle rien de laid & d'affreux; mais au contraire, il en admire la laideur, & les déformités, qui sont pour lui des beautés & des graces. Son goût est corrompu, & rien n'est sain pour lui; les remédes mêmes qu'on lui offre pour le guérir, il ne s'en sert que pour exciter le feu de son mal. Rien ne peut le rendre ni moins vicieux, ni plus malheureux qu'il n'est. Mais s'il est vrai, que le vicieux est puni par le vice même, les mauvais effets, que la lecture de cette pièce pourra produire sur une ame si corrompuë, ne manqueront pas de la punir pendant qu'elle s'abandonnera aux vaines illusions de l'impureté.

PRE-

PREMIER ENTRETIEN.

SOEUR DOROTHÉE. SOEUR JULIE.

Dorothée.

Bon jour, Sœur Julie, comment te portes-tu? Que tu me parois changée! quelle tristesse régne sur ton visage! eh! mon Dieu, qu'aurois-tu? Je t'ai vûë tantôt à l'Office plongée dans une profonde réverie.

Julie. Ah! ma chére Dorothée, que je suis ravie de te rencontrer! depuis deux heures je te cherche: j'ai une impatience extrême de t'ouvrir mon cœur, & comme tu es la meilleure de mes amies, ce n'est qu'à toi seule que je veux confier un secrêt qui m'est de la derniére importance.

Dorothée. Je suis sensible, ma chére, à la confiance que tu me marques; je puis bien t'assûrer que j'en ai une en toi sans égale, & je ne désire rien tant que de de te rendre ſervice. Je ſuis prête à t'écouter. Commence à me découvrir un cœur qui me ſemble n'être pas tranquille. Ne ſeroit-ce pas l'amour qui voudroit s'en rendre maître, & ce petit audacieux te ſeroit-il venu bleſſer malgré les murs & les grilles qui nous environnent? Mais tu rougis! qui peut te cauſer tant d'émotions? Parle, ma chére, & ne me cache rien.

Julie. Ah! Dorothée, tu ne dis que trop vrai: ſi tu ſavois le trouble qu'il me cauſe depuis quelques jours, tu me plaindrois, & tu me trouverois la fille la plus digne de compaſſion. Je ne ſai ce que je deviendrai, ſi tu ne m'aides de tes avis.

Dorothée. Eh! mais encore, qui peut te rendre ſi inquiéte & ſi embarraſſée? Allons, allons, dépêche vîte, parle, faut-il que je t'interroge? je me doute, & je ſuis preſque certaine de ce qui t'agite ſi fort.

Julie. Mon Dieu, que tu es preſſante? Je ne ſai par où commencer.

Dorothée. Vraiment voilà bien des façons pour rien; n'a-ton jamais été ſenſible? Ce frere Côme, qui eſt le Chirurgien

gien de la maiſon ne feroit-il point celui qui t'a ſçû charmer?

Julie. Hélas!

Dorothée. Courage, voilà un ſoûpir qui commence bien, il ſignifie beaucoup. Continuë, il a fait la moitié du chemin.

Julie. Je l'avouë ma chére. C'eſt ce même frére, c'eſt lui qui cauſe toutes mes allarmes. Je ne veux plus te rien cacher; eh bien, ſache que je l'aime comme on n'a jamais aimé. La prémiére fois que je le vîs, ce fut chés Madame l'Abbeſſe; tu ſçais qu'il eſt fait pour donner de l'amour à la plus inſenſible.

Dorothée. Il eſt vrai; & je te jure que ſi tu n'étois pas mon amie, comme tu l'es, je tâcherois de te l'enlever; c'eſt le plus beau garçon que j'aie vû, & qui m'a la mine d'être bon mâle.

Julie. Comment? tu es connoiſſeuſe!

Dorothée. Je n'ai jamais connu d'homme ſi bien proportionné dans ſes membres; à peine a-t-il vingt-quatre ans, il eſt fait à peindre; & la couleur dont il eſt, fait augurer très-avantageuſement pour ſa vigueur dans les combats amoureux.

Julie. Ah! ſœur Dorothée, vous pen-

 ſés

sés trop malicieusement. Je vous jure que je n'ai pas encore fait attention à la dernière perfection que vous lui trouvés ; ne croiés pas que la sensualité soit le motif qui m'engage à l'aimer, je suis délicate sur ce point.

Dorothée. Vous êtes une dissimulée, Sœur Julie. N'importe ; continués ; un peu d'un, un peu d'autre, cela fait qu'il ne vous est pas indifférent.

Julie. En vérité, ce que tu me dis-là, me chagrine. C'est ce que tu connoîtras aisément dans ce que je vais te dire, pour te mettre au fait. Il faut que je te raconte comment l'amour s'est emparé de nos cœurs. Il est constant que la sympathie a fait naître l'heureux raport qui se rencontre dans nos humeurs.

Dorothée. Ce qui est fort rare dans les inclinations. Nous voyons souvent une personne jolie, aimable, & qui nous plaît ; parce que nous l'aimons, nous nous imaginons qu'elle doit être éprise de nous de même ; tandis qu'elle soûpire en secret pour un ingrat qui la méprise, & languit pour une autre cruelle : effet ordinaire des caprices de l'amour, &

& qui cauſe tant de paſſions malheureuſes de part & d'autre. Mais quelle félicité au contraire, lorſque les deux ames ſont d'intelligence, & que le ciel les a deſtinées pour ſe procurer mutuellement les parfaites douceurs de l'amour!

Julie. Ce ſont ces douceurs auxquelles j'aſpire, mais que je crains de goûter.

Dorothée. Tu ne raiſonnes plus pour le coup, ma chere Julie; explique-toi mieux, ſi tu veux que je t'entende.

Julie. Pour m'entendre, écoute-moi ſans m'interrompre. Si-tôt que je vis le Frére Come pour la prémiere fois, je ſentis un je ne ſai quoi, qui me ſurprit; je fûs dans une émotion étonnante, & l'inſtant de ſa vûë fût celui de la perte de ma liberté. Lui m'a dit depuis qu'il avoit ſenti les mêmes effets à mon premier abord; il brûla pour moi auſſi-tôt; nos yeux furent les fidels interprêtes de ce qui ſe paſſoit dans nos cœurs; je ne ſavois comment faire pour lui parler; de plus j'avois mille précautions à prendre pour empêcher que nos Sœurs ne s'apperçûſſent du penchant que j'avois pour lui: enfin l'amour me ſuggéra un moyen pour le voir, auquel tu ne croiras

ras jamais que j'aie pû penſer. Je feignis d'être indiſpoſée, & je démandai le Chirurgien, diſant qu'une ſaignée me ſoulageroit ; que quelque choſe que tu ſais bien ne paroiſſoit point, & que cela me cauſoit des douleurs d'eſtomac & des maux de tête continuels. Sans trop éxaminer la vérité, la Mére des Novices, qui me chérit beaucoup, dit qu'il ne falloit point différer, qu'elle en connoiſſoit la conſéquence, & qu'une ſaignée m'étoit abſolument néceſſaire. C'étoit ce que je demandois. On fût avertir frére Come, que l'Amour conduiſit, & porta ſur ſes aîles. On l'indroduiſit dans ma chambre ; il me demanda quel étoit mon mal, me tâta le poux qu'il trouva extrêmement émû, (en effet il l'étoit terriblement.) Ma ſœur, me dit-il, vous avez beſoin de repos, & je prévois que cela ne ſera rien. Mais, lui dit la Mére Frédégonde (qui étoit accouruë pour tenir la chandelle,) ne feroit-il pas à propos de lui tirer une petite palette de ſang ? Oh! gardés-vous en bien, repliqua-t-il, nous exciterions les humeurs ; que ma Sœur garde pendant quelque tems la chambre, & voilà tout ce qu'il lui faut : demain je

lui

lui apporterai quelque chose qui la soulagera beaucoup. La Mere Frédégonde voyant qu'on ne me faignoit pas, s'en fut à son ministère, n'étant plus nécessaire, & nous laissa seuls. Aussi-tôt qu'il fût tête à tête avec moi, il se jetta à genoux au bord de mon lit, & me regardant avec des yeux pleins d'amour, il me fit la déclaration la plus tendre de tout ce qu'il sentoit pour moi. Il s'exprima noblement, & dans des termes qui ne sentent point l'homme d'Eglise. Je t'avouërai que je ne pûs me défendre contre tant d'ardeurs : il tira sans peine l'aveu de mon penchant pour lui, & après un quart d'heure d'entretien, il s'en fût. Tu ne saurois croire le plaisir que je ressentis de me savoir aimée autant que j'aimois, (c'est le plus grand bonheur des amans.) La nuit me parut d'une longueur insuportable, & j'attendis le jour avec une impatience extrême; je ne fermai l'œil que pour tomber dans les songes les plus ravissans; enfin le jour vint, & mon amant ne tarda point à me venir faire un nouvel hommage de son cœur. Il entra dans ma chambre sur les huit heures; dans ce tems les Dames étoient au au Chœur, perſonne n'étoit reſtée auprès de moi, parce qu'on voyoit que ce n'étoit qu'une légère indiſpoſition. Je le priai de s'aſſeoir auprès de mon lit, il me démanda comment j'avois paſſé la nuit; je le ſatisfis ſur toutes ſes questions. Je ne tardai point à rapeller la tendre converſation que nous avions eüe la veille, ce fut là qu'il acheva de me vaincre. Il me plut à un point que je ne ſaurois dire; il a de l'eſprit comme un ange, il eſt fort amuſant, il a la voix fort jolie; il me chanta vingt chanſons toutes plus agréables & plus picquantes les unes que les autres. Il y en avoit même de ſa compoſition, que les plaiſirs & le badinage ſembloient lui avoir inſpirées; mais la dernière qu'il me montra étoit parfaite; c'étoit une déclaration d'amour la plus vive & la plus ſpirituelle. La voici:

Si de tes traits juſqu'à ce jour
Mon ame s'étoit garantie,
Je n'en ſuis plus ſurpris, Amour,
Je n'avois pas une Julie.

De tems en tems il prénoit une de mes mains qu'il portoit avec tranſport ſur ſa bou-

bouche, il la ferroit entre les fiennes; cela étoit accompagné de tant d'affûrances de fa fidélité, que je ne pûs réfifter à cet invincible penchant qui m'entraînoit vers lui; je lui découvris fans réferve la violence de l'amour qui me dévoroit depuis le moment que je l'avois vû, & nous nous jurâmes une conftance éternelle. Les difcours paffionnés que je lui avois tenu, l'avoient rendu plus entreprenant; il étoit dans l'agitation la plus vive. Ah! ma chére Julie, me dit-il en m'embraffant, que nous allons être heureux! Je ne vivrai plus que pour vous, je méprife à préfent les vaines grandeurs du monde, je me trouve le plus fortuné des mortels, puifque je fuis aimé de la plus charmante perfonne de la terre. En finiffant ces mots, il fe jetta à mon col, & me ferra étroitement dans fes bras. La pudeur cependant vouloit que je le repouffaffe; auffi le fis-je, mais fi foiblement qu'il s'apperçut bien que ce n'étoit que par bienféance. Je détournai mon vifage pour ne pas recevoir le tendre baifer qu'il me vouloit donner; mais en me retournant, je ne fai comme il fit; je fentis fa bouche collée contre la mienne,

 un

un feu fubtil alors fe gliffa dans mes veines, je n'en pouvois plus, je ne me connoiffois plus, & j'aurois infailliblement perdu toute retenue, lorfque nous entendimes du bruit. C'étoient les Dames qui fortoient du Chœur. Il fe retira promptement de deffus moi. Oh Dieu! qu'il étoit beau dans cet inftant! Un coloris de rofes régnoit fur fes jouës, fes yeux étoient vifs & perçans, & mille traits amoureux en partoient qui m'enchantoient. Pour moi, j'étois dans un trouble inexprimable: je me fentis toute mouillée dans certain endroit, & le feu qui me brûloit au dedans avoit féché mes lévres; je le regardai avec des yeux éperdûs. Ah mon cher Frére! lui dis-je, à quoi nous expofés-vous? Il foûrit tendrement, me prit la main, & me quitta.

Dorothée. La pauvre enfant! n'as-tu pas été bien fâchée, de ce que l'Office avoit été fini fi-tôt.

Julie. Badine donc toûjours; écoute-moi jufqu'à la fin, & ne m'interromps plus. Le lendemain il revint à la même heure, & il entra comme je commençois à m'affoupir, parce que j'avois fort peu dormi la nuit. Il tira doucement les

rideaux

rideaux de mon lit, & d'abord me voulant reſpecter, il ſe contenta de prendre ſur ma bouche un baiſer le plus légérement qu'il put; mais plein d'amour, & rien ne s'oppoſant à ſes feux, il m'en donna mille tout de ſuite; il gliſſa ſa main entre les draps, & me prit les tétons. Je me réveillai en ſurſaut, & je démeurai ſurpriſe au dernier point. Je voulûs crier, mais il me ferma le paſſage de la voix d'un baiſer brûlant. Ah! mon Frére, lui dis-je, quels ſont vos deſſeins; rétirés cette main téméraire. Ah! ma chere Julie, réprit-il, que vous êtes cruelle, voulés vous ma mort, n'aurés vous point compaſſion d'un malheureux qui va expirer à vos yeux, ſi vous n'avés égard aux maux qu'il ſouffre. En finiſſant ces paroles il enfonça l'autre bien plus avant, & mit un doigt dans un endroit que tu connois auſſi-bien que moi. Le ſubtil mouvement de ce doigt me cauſa un chatoüillement qui me ravit, le plaiſir me ſurprit, & enfin je répandis ſur ſa main une liqueur dont elle fût inondée. Ah! ma chére Julie, s'écria-t-il amoureuſement, que je ſuis heureux, puiſque j'ai pû vous donner une teintu-

re

re des biens que nous goûterions ſi vous m'étiés plus favorable. Pendant tout ce tems j'étois reſtée immobile & pâmée, mes yeux étoient fermés, ma bouche étoit entre-ouverte, & je n'oſois plus le regarder. La pudeur faiſoit ſes effets ordinaires. Lui, au contraire, ſe mettoit en devoir de ſe ſatisfaire, lorſque cette même pudeur & la honte ſe changérent ſubitement en colére, & me donnerent des forces pour me défendre courageuſement. Je m'arrachai de ſes bras. Alliés, lui dis-je, ingrat, c'eſt trop m'outrager, ne paroiſſés jamais devant moi. Quelle inſolence? Eſt-ce ainſi qu'on doit agir avec une perſonne que l'on eſtime? Il partit à ces terribles paroles, & me regardant avec des yeux où l'amour & le déſeſpoir étoient peints, il ſe jetta à genoux, me démanda pardon de ſon entrepriſe, & il en marqua le plus ſincere répentir.

Dorothée. Bon, que tu es ſimple. Ce n'étoit point de ſa témerité qu'il ſe répentoit, mais bien plûtôt de n'avoir pû y mettre une fin heureuſe. Tu le congedias donc.

Julie. Oui, mais il ne ſortit qu'après m'avoir

m'avoir fait promettre que j'oublierois ce qui venoit de se passer, & qu'il m'eût engagée par les prieres les plus pressantes à lui rendre mon cœur Je ne pûs m'en défendre ; il me donna un baiser que je lui rendis aussi tendrement, & nous nous séparâmes. Aussi-tôt qu'il fût parti, je fûs fâchée des peines que je lui avois causé.

Dorothée. Il étoit bien tems. Voilà comme nous sommes toutes faites, nous nous défendons avec opiniâtreté, tandis que dans le fond nous serions bien-aises que cela fût. Quelle bizarrerie!

Julie. Il est vrai, mais que veux-tu? on nous a tant préché d'être sages, que l'on ne fait le premier pas qu'avec des craintes mortelles. De plus, certaine enflure qui peut survenir nous retient, & met des digues à l'impétuosité de nos désirs.

Dorothée. Tu as raison, & c'est le nœud de l'affaire, sans quoi tu verrois bientôt paroître une nouvelle secte de multiplians. Quels délices pour tant de filles aimables, d'un tempérament amoureux, qui souffrent dans les bornes & les chaînes cruelles que leur donne leur virginité! Que d'envies ne sont point étouffées, que

que de désirs cachés, que de passions contraintes. Ah! ma chère, nous ne l'éprouvons que trop, & je te confesse que je ne suis point de celles qui en souffrent le moins.

Julie. Est-il possible que nous ne trouverons jamais de préservatifs contre ce mal dangereux

Dorothée. Non, non, ne t'abuses point, rien ne peut empêcher les opérations de la nature, & nous ne serons que trop obligées de nous en tenir au triste godemiché; c'est la chose du monde la plus insipide, si je m'imagine que ce n'est rien en comparaison de la piéce d'introduction virile

Julie. Ah, ah, ah ... que tu es folle; quel nom viens-tu de donner à cette partie de l'homme? je t'assure qu'il est nouveau, & la Mére Vitaline & la Cunegonde qui les savent tous, ne connoissent certainement point encore celui-ci.

Dorothée. Quand des mots nous paroissent obscènes, il en faut purifier l'in... gruité, en leur donnant une tournure telle qu'ils puissent être prononcés sans blesser les oreilles chastes.

Julie. Je vois bien que tu suis la maxime

me de ſœur Agnès, qui lorſqu'elle parle de ſon Confeſſeur, ne dit jamais que mon Feſſeur; du Vicaire, le Caire; du Curé, le Ré: quelle ſimplicité! & quelle hipocriſie! tandis que la Sainte-mi'touche ſe trouve tous les jours au parloir avec frère Conrard, & je l'y ſurpris l'autre jour qui ſe prêtoit le mieux qu'elle pouvoit à travers la grille.

Dorothée. Julie, tu es médiſante, tu n'en parles que par envie; car en bonne foi, toi même ſerois-tu bien-aiſe qu'on t'interrompit dans une telle occupation? vas, ma chère, il faut plus de charité pour ſon prochain.

Julie. C'eſt que je ne peux m'empêcher d'éclater, quand je vois & j'entends de pareilles ſottiſes.

Dorothée. Mais revenons au Frère Côme, quand reviendra-t-il? Je m'intéreſſe pour lui, & je ſuis tellement portée à lui rendre ſervice, que ſi tu continuës à le traiter cruellement; j'aporterai tous mes ſoins pour le faire revenir de la paſſion qu'il a pour toi, & je le vengerai de tes mépris.

Julie. Tu te trompes, je ne le mépriſe point, & je te prie de ne pas prendre ſes intérêts avec tant de chaleur; car tou-

toutes bonnes amies que nous puissions être, cela ne m'accommoderoit point; cherche ailleurs, & laisse-moi mon Carme; tu es assés aimable pour faire une conquête, & avec l'esprit que tu as, tu sauras bientôt charmer quelque aimable Frère. Pour le mien, je souhaite bien fort qu'il revienne, & je me sens disposée à le traiter plus humainement que la dernière fois. Je lui veux, cependant, laisser faire toutes les avances, & je ne me rendrai que sur les fins. Je me défendrai peut-être encore plus que je ne pense. Adieu ma chère, la premiere fois que je pourrai t'entretenir, peut-être t'apprendrai-je bien des choses.

Dorothée. Je le souhaite pour peu qu'elles te fassent plaisir. La cloche sonne, on va à l'Office. Adieu.

Fin du premier Entretien.

DEU-

DEUXIÉME ENTRETIEN.

FRERE CÔME. SOEUR JULIE.

Frère Côme.

Bon jour, ma très-chère Sœur.

Julie. Je vous saluë, mon cher Frère. Je suis depuis hier dans une inquiétude extrême : vous veniés me visiter tous les jours, & il y en a quatre que je ne vous ai vû.

Frère Côme. Hélas ! cruelle, qui peut mieux en savoir la cause que vous ? Ne m'avez-vous point défendu de vous parler jamais ? Quel étoit mon crime pour m'ordonner une peine si rigoureuse ? Est-on criminel pour être trop amoureux.

Julie. Ah ! mon Frère ne rapellés point à mon cœur un souvenir qui me tuë. Dieu ! que de combats n'a-t-il point souffert depuis votre absence. L'amour & la vertu ont long-tems disputé Le premier m'a fait sentir ce qu'il a de plus tendre ; mais aussi l'autre m'a soûtenuë dans des momens où toutes mes résolutions étoient prêtes à s'évanoüir. Je me rappellois ces in-

inſtants paſſionnez, où me livrant trop à vos tranſports, je touchois au moment qui m'alloit voir ceder à l'impetuoſité de vos déſirs: j'étois hors de moi-même & je vous deſirois, je brulois, Hélas! diſois-je, loi de l'honneur que vous êtes barbare! Vertu cruelle, devoir fatal, que ne me laiſſez-vous! Pourquoi réſiſtés-vous au feu d'un homme qui m'adore? d'un tendre amant qui ne vit que pour moi? Oui, diſois-je avec un ſoupir, il y a de la probité, j'en ſuis perſuadée, & ſes ſermens ſont inviolables; mais reprenois-je auſſitôt, malheureuſe Julie quels ſont tes égaremens? Dans quel abîme de maux vas-tu te précipiter? Il eſt vrai, ton amant eſt aimable, il eſt charmant; mais qui peut te répondre de ſa conſtance? De plus, quand elle ſeroit éternelle, ſi tu te livres à ſa flamme, à quel danger ne t'expoſes tu pas? Quelle ſuite de peine & de honte ne ſuivront point tes plaiſirs? Tu veux donc te couvrir d'infamie?

Frère Côme. Arrêtez ma chere Julie, ceſſez d'être ingenieuſe à vous tourmenter; écoutez encore une fois un homme qui va mourir à vos yeux, ſi vous vous obſtinez à lui plonger le poignard dans le ſein par vos cruautez.

Julie.

Julie. Hélas : mon Frère, que voulez vous de moi ? Juſte ciel ! pourquoi m'ê-tes vous ſi cher ?

Frère Crôme. Puiſque vous m'accordez cette grace, permettez, aimable Julie, que je remette à votre mémoire le commencement de mes feux, & ce qui les fit naître ? L'heureux jour que Madame l'Abbeſſe m'envoya chercher pour la ſaigner, fut celui où je commençai à porter des chaines. J'avois reſiſté courageuſement aux attaques que les beautez de nos Sœurs avoient données tant de fois à mon cœur : toûjours ferme & inſenſible, je menois une vie farouche & auſtère. L'eſprit tentateur ne s'étoit fait ſentir que pour me faire triompher ; auſſi eſt-ce le tems où j'ai été réellement devot. Mais dès que j'eus reconnu vos attraits, j'apperçus l'abus dans lequel je vivois ; des réflexions ſur les Superſtitions, l'Ignorance, & les Momeries de mes Frères me firent ouvrir les yeux : je diſſipai les ténebres, je déteſtai mon erreur, & je réſolus de profiter du tems de la jeuneſſe, dans lequel on eſt fort & vigoureux Je n'avois encore porté que la haire & le cilice ; la diſcipline la plus cruelle outrageoit journellement mes épaules ; les jeûnes & les mortifications alteroient ma vigueur, & je m'enterrois pour ainſi dire tout vivant. Mais quelle difference! Dès que j'eûs le bonheur de vous voir, je ne ſongeai qu'à conſerver des jours qui ne devoient plus être conſacrés qu'à l'amour. Je fis ſerment de ne vivre deſormais que pour vous; mes peines & mes plus grands chagrins ne furent plus que votre abſence; mes voeux parlerent, ſe plaignirent, & furent écoutés. La ſimpathie, ainſi que vous me l'avés dit depuis, fit ſentir à nos ames ſes merveilleux effets, & nous ne vécûmes plus que l'un pour l'autre Vous ſuivites, ma chère Julie, cette excellente maxime du Cloître qui eſt, de ne point faire languir un amant quand il a le don de plaire; la diſſimulation n'agiſſant jamais entre nous pour un tel ſujet, & nous fûmes d'accord à la premiere entrevûë La liberté que j'ai d'entrer dans le Couvent & de viſiter les Sœurs, fut pour moi le plus grand avantage; j'en profitai, & vous me permîtes de vous voir autant que l'occaſion s'en préſenteroit. Enfin nos feux s'allumerent reciproquement.

Julie. Ils ne le ſont que trop. Juſte Ciel! Je tremble & mon aveugle tendreſſe me fait frémir.

Frère

Frère Côme. Quoi, mon bel Ange! Vous répentés-vous d'y avoir répondu? Que faut-il pour meriter votre retour? Revenés d'un préjugé qui nuit au repos de votre vie. Rendés heureux le plus tendre & le plus conſtant des hommes

Julie. Que faut-il donc encore, ingrat? N'ai-je point tout fait pour vous. Vous ai-je refuſé toutes les faveurs que l'on peut accorder ſans intereſſer l'honneur. Lorſque quelque fois à mes genoux j'entendois vos ſoupirs, ne vous donnois-je point mille marques d'un amour auſſi ardent que le votre? Ne vous rendois-je pas ces baiſers brulans avec les plus vifs transports.

Frère Côme. Souffrés, ma chére Julie, que j'en prenne un ſur ces lévres de roſe; vous ne ſauriés me défendre ce que vous m'avez accordé tant de fois.

Julie. Il m'embraſſe. Ah! je n'en puis plus; retirés-vous Vous me tués; mais où portés-vous cette main? De grace, mon cher ami, retirés-la.

Frère Côme Adorable Julie, liſés dans mes yeux la violence du feu qui me dévore. Je meurs à vos genoux, ſi vous n'avez pitié de moi. Où ſuis-je! Je ſuis hors de moi; que de beautés s'offrent à ma vûë!

 Julie.

Julie. Finissés, mon Frère; en vérité vous me mettés dans un état ... si quelqu'un nous surprenoit, nous serions perdus.

Frère Côme. Non, non, ne craignés rien; toutes les Dames sont au Chœur, & je benis le ciel que sous prétexte d'une feinte indisposition j'aie le bonheur de me trouver tout seul avec vous.

Julie. Vous étes trop dangereux. Je vous prie de ne plus venir à cette heure. Retirés donc cette main, que veut-elle?

Frère Côme Que vous étes dissimulée? Ne pénétrés-vous pas, & ne connoissés-vous pas ses desseins aussi-bien que moi? Laissés-la faire.

Julie. Non, je ne le souffrirai jamais. Mais elle gagne la place Eh bien! mon Frère, quand vous aurez pris ce que vous desirez.... Ah Dieu! vous me blessez.

Frère Côme. Pourquoi vous défendre? J'y suis, je les tiens. ces charmans tétons. Qu'ils sont fermes & ronds! Ah! qu'une gorge de vingt-ans est quelque chose d'admirable! C'est l'âge où elle est dans sa perfection. Quelle blancheur! Ah! ma Sœur, je succombe, quel feu saisit mes sens? Hélas?

Julie Que je suis fâchée de vous avoir accordé cette faveur. Cela vous met dans un un état qui me donne tout lieu de craindre pour moi-même Comme vous me chatouillez le petit bout ! Ah... Ah!

Frère Côme. Sentez-vous quelque plaisir, ma très-chère ? Je ne cherche qu'à vous en procurer.

Julie. Frère Côme, vous êtes bien subtil ; vos vûës sont bien interessées ? Vous ne m'en donnez qu'afin que je vous en procure d'avantage.

Frère Côme. Votre prévoyance & votre penétration ne sont plus ici placées. Croyés moi, profitons du tems favorable, nous avons encore une bonne heure à nous, ainsi nous n'avons rien à craindre ; permettez-moi de lever tous les obstacles qui s'opposent à notre commune félicité

Julie En vain voulés-vous me séduire, tous vos discours sont inutiles.

Frère Côme. Ah ! barbare, dans quel désespoir me précipitez-vous Que je suis malheureux, cruelle, de vous avoir connuë ! Mais que dis-je ? C'est moi qui ai tort, je suis coupable. Percez ce cœur, n'épargnez point des jours destinez à être miserables ? Quelle vie languissante ne vais-je pas mener, si vous n'accordez point à ma flamme le moyen de la calmer !

mer! L'hymen peut-il nous unir? Sommes-nous dans le monde? un Cloître affreux ne doit il pas être notre azile tant que nous verrons la lumière? ne sommes nous nez que pour être malheureux? Serons nous les victimes de la cagoterie? Revenez d'une prévention où la superstition vous a jettée, mais que j'ai bannie pour jamais de mon esprit. Ne sommes nous point l'ouvrage de l'être éternel ainsi que les gens du monde? Comment? Parce que l'avarice de nos parens les a engagez à séduire notre enfance pour captiver nos corps, il faudra nous priver des biens qu'ils goutent, & que l'amour nous offre? Abus, ma chére Julie, ne soyons point assez aveugles pour nous laisser préoccuper d'une pareille chimere: jouissons des plaisirs de la vie; dans les Cloîtres & leur séjour quand on sçait le goûter, il ne s'agit que de cacher les apparences; c'est-là où l'on voit triompher le Dieu des cœurs? Ses douceurs sont plus parfaites par les obstacles & les difficultes qui s'y opposent; aussi sont-elles infinies quand on sçait les lever, & l'on coule les jours les plus charmans.

Julie. Ah! mon cher Frère, que vos in-

instructions sont salutaires! Déjà je vois dissiper les ténebres qui obscurcissoient mes yeux, mon esprit est embelli d'une nouvelle intelligence, il se détache insensiblement de toutes les absurdités dont il étoit obsedé; le flambeau de l'amour m'éclaire, mon cher Frère, je me rends.

Frère Côme. Je suis ravi de vous voir dans de semblables dispositions

Julie. Mais il me survient une pensée qui combat encore furieusement: écoutez. Quand nous aurons joint nos cœurs, & que libres de goûter tous les plaisirs, vous posséderez ce que j'ai de plus cher; les suites n'en seront-elles point à craindre; l'appréhension ne vous paroit-elle pas juste; qu'en dites-vous.

Frère Côme. Oui, mais elle cessera bientôt, parce que je vois que les connoissances que j'ai acquises dans mon art, me serviront pour vous mettre à l'abri de tout inconvenient: jamais de pétits indiscrets ne viendront trahir ni troubler notre tendre commerce.

Julie. Mais comment vous y prendrés vous, pour empécher la nature d'agir? Car il est certain que nous sommes faits comme les autres, & que je ne pourrois être entre vos bras sans tomber dans ces charmans tranſports, pendant leſquels je crois que ces petits indiſcrets, comme vous venez de dire, prennent forme; & je préfererois la mort la plus cruelle à l'ignominie qui me couvriroit le reſte de ma vie, ſi j'en mettois un au monde.

Frère Côme Je ſçais un moyen infaillible pour l'empêcher.

Julie. Quel eſt-il? ne ſerois-ce pas par la vertu de certaines herbes? Oh! non, je n'y conſentirai jamais. Ce ſeroit offenſer Dieu mortellement. Non, non, mon Frère, je n'y conſentirai jamais.

Frère Côme. Que de foibleſſes! quels ſcrupules! quoi vous en venez encore à une dévotion mal placée, elle n'a que faire ici: encore un coup, ma chére Julie, banniſſez-là comme une choſe inutile, & ne m'interrompez plus; j'ai d'autres moyens plus naturels & beaucoup plus certains. Les herbes & les ſimples dont vous me parlés, ont en effet la vertu de faire avorter les femmes, mais je me donnerai bien de garde d'y avoir recours. Vous m'êtes trop chére, pour hazarder & expoſer vos jours au ſuccès dangereux & douteux de l'effet qu'elles produiroient. Les ſimples en anéantiſſant le fœtus peuvent cauſer la mort à la mére,

ou

ou du moins trainent après elles des suites funeſtes, comme des maladies terribles, ou les remords d'avoir fait perir une malheureuſe petite créature que l'amour a fait naître & que le cruel honneur vient détruire. Non mes remedes ſont plus ſûrs & plus doux, & vous en conviendrez, ma chére Julie, quand vous les connoîtrez Je veux que vous me ſçachiez gré de vous avoir donné connoiſſance de choſes ſi néceſſaires au repos des heureux amans, & ſi favorable aux plaiſirs des ſens.

Julie. Pourquoi différes-vous donc tant à me les apprendre ces ſécrêts merveilleux? Vous m'en donnés une idée ſi avantageuſe, que je brûle déjà de les ſavoir. Contentés-moi, mon cher Frère.

Frère Côme. Quelque ſublime & élevée que puiſſe être cette matiére, je ne doute point que votre eſprit ne la conçoive facilement; & les choſes les plus abſtraites pour les perſonnes de votre ſexe, ne ſont pour vous que ſimples & faciles à developper : je commence; ne perdez point un mot de mon diſcours : je le vais rendre le plus ſuccint que je pourrai, car les momens ſont chers, & comme je ne doute point de vous perſuader, j'eſpej'espere que l'exécution & l'essai suivra de près les paroles

Quand l'Être suprême forma nos premiers pères, il leur donna la faculté de produire leurs semblables. Cette production ne se peut faire qu'en se joignant amoureusement par le moyen de ces deux voluptueuses parties dont nous sommes pourvûs l'un & l'autre, qui sont les instrumens de la génération, que l'on appelle dans l'homme le Membre viril, & dans dans la femme le C... Il annéxa à cette jonction le plus parfait des plaisirs, afin de les engager à se joindre avec plus d'ardeur pour multiplier & donner des habitans à l'univers: & pour dédommager la femme des peines qu'elle souffre dans l'enfantement, il rendit sa partie beaucoup plus sensible au chatoüillement; aussi ressent-elle un plus grand plaisir que l'homme dans le coït.

Pour parvenir à engendrer, il ne suffit pas seulement de mettre ces parties l'une dans l'autre, il faut encore qu'il sorte de celle de l'homme une certaine liqueur visqueuse & subtile, qui, par les esprits qui en exhalent, forme l'enfant lorsqu'elle est reçuë dans la matrice de la mére.

C'est donc cette liqueur même, qu'il

s'agit

s'agit en cette occasion de détourner, puisque ce n'est qu'elle qui cause cette enflure importune, & trouble les délices des plus tendres cœurs. Il est vrai que bien des hommes n'ont pas assez d'empire sur eux-mêmes, pour se retirer de cette charmante fournaise, lorsqu'elle nous excite par sa chaleur à résoudre les humeurs. Le plaisir est si grand, les transports si violens, qu'on s'abandonne & qu'on se livre sans réserve aux biens parfaits dont nous comble l'objet de nos désirs. Mais quand on l'adore, ce charmant objet, qu'on l'estime, & qu'on veut le ménager ; il est nécessaire de conserver une absolu pouvoir sur ses sens & de lui procurer les douceurs de l'amour, sans qu'il se repente de nous avoir accordé ses faveurs. J'ose bien vous repondre de moi, ma chére Julie, je vous aime trop pour vous exposer au moindre danger. Les complaisances que vous aurés pour moi seront un motif pour m'engager à la plus sincère reconnoissance. A Dieu ne plaise, que pour me satisfaire, je vous cause la moindre peine!

Julie. Mais, mon cher, ce que vous venés de me dire, est-il bien vrai, ne m'en imposés-vous point?

Frère Côme. Ah! cruelle Julie, c'est m'outrager trop sensiblement. Quoi? vous pouvés douter un moment de ma sincerité?

Julie. Pardon, mon cher amant, le plus doux baiser va te récompenser, excuse une amante incertaine: ah! c'est assez combattre, fais, je me livre à toi; mais seras tu constant? seras tu fidéle? Tes yeux me disent oui ... allons,

Allons, j'y consens, je me sacrifie, fais . . . . Mais que dis-je? je suis troublée, je n'en puis plus.

Frère Côme. Quoi? vous vous laissés aller entre mes bras, ma chère Julie; quel bonheur est comparable au mien! Amour tu me combles de tes bienfaits.

Julie. Que faites-vous, cher Frère? Ah!... Ah! .... je suis morte; comment? vous me jettés sur le lit; non, non. Cela ....

Frère Côme. Pourquoi vous défendre encore? Est-ce là ce que vous venez de me dire il n'y a qu'un instant? Mais Dieux! que de beautés s'offrent à ma vuë, quelles cuisses! que sens-je? que tiens-je dans mes mains? Le joli petit poil, il est plus noir que le jais? Ce lieu est plus merveilleux que la rose. Que je le baise. Ecartés-vous, ma chère Julie, ôtés donc votre main. Sentés-vous ....

Julie. Ah! retirés ce terrible instrument. Qu'il est brulant!

Frère Côme. Au contraire, empoigne le bien, mon cher cœur, conduis-le toi-même dans cet endroit, où il doit être la victime du sacrifice que nous offrons à l'amour.

Julie. Ah! Comme tu le pousses! non, jamais il n'entrera; veux-tu me fendre? Oh! ... quelle douleur vous me faites! est-ce là, méchant, le plaisir que tu me faisois esperer .... Ah! de grace retire-toi, mon ami, tu me creves, ah! ....

Frère Côme. Ah! je sens qu'il entre, ma chère, embrasse-moi, serre-moi étroitement, donne-moi un baiser, tes lévres sont brûlantes .... je ne me connois plus.

Julie. Ah! mon Frère, qu'est-ce qui coule

donc

donc de ma partie? quel ravissement! Eh!... Ah! Eh! ... tu me tuës ... ar ... rête, je me ... meurs.

Frère Côme. Enfin me voilà entré victorieux dans la place; quelle douleur de m'en retirer, sans y laisser des marques de ma victoire? Mais ma chère, il le faut, je m'y suis engagé, privons nous du dernier excès du plaisir, pour nous en procurer un plus durable. Je ne me retire, cependant, qu'à condition que ta main achevera le reste.

Julie. Tu me l'as promis, mon cher, n'abuse donc point de la facilité que j'ai euë à t'accorder ce que tu désirois; ménage ta tendre Julie, qui ne veut plus être desormais qu'à toi: je consens d'achever, mais montre-moi comment il faut faire. Mais qui te presse de te retirer si vite, crains-tu de me faire du plaisir?

Frère Côme. Non, mais je crains de décharger, mais parlant je ... dé ....

Julie. Avec quelle impetuosité te retires-tu?

Frère Côme. Ah! .... je décharge.

Julie. Ah! tu m'innondes, je suis toute mouillée. Quoi? c'est donc là cette liqueur dont tu viens de me parler? Mais je suis toute perduë. En vérité il faut, mon cher, que je t'aime bien, pour souffrir toutes ces choses.

Frère Côme. Regrettes-tu le plaisir que tu m'as donné, & toi même n'en as-tu pas senti.

Julie. Oui, mais ce n'a été que sur les fins, car au commencement la grosseur de ce que tu sais bien, m'a fait un mal horrible, je suis toute déchirée: je ne sais même s'il n'y a pas du sang à ma chemise; car j'ai senti une vive dou-

leur

leur dans les premiers coups; cela me cuit encore bien fort.

Frère Côme. Va, ma chére enfant, cela ne durera pas, le passage est fait, & c'est lui qui nous conduira au vrai bonheur. Il faut avoir un peu de peine avant que d'arriver à la souveraine félicité; elle sera durable, un sort fortuné se présente à nous, l'amour se prépare à nous combler de ses faveurs, & nous pourrons dire ensemble ces 4 vers:

L'amour contente nos desirs
Nous portons ses plus douces chaînes;
Et sans ressentir ses peines
Nous goûtons tous ses plaisirs.

Qu'on est heureux, ma chère Julie, quand on peut dire ces tendres paroles! La vie alors n'est plus qu'un tissu de délices... mais j'entends quelque bruit; on sort du Chœur, je te quitte. Adieu, ma chère Julie, reçois ce baiser pour gage de ma tendresse. Adieu: qu'il est cruel de se séparer au milieu des plaisirs! Adieu encore une fois.

Julie. Encore un petit baiser; mais reste un instant. Cependant non.. Vas.... que je m'ennuyerai quand je serai seule! je ne sais qu'une chose pour me consoler, c'est de me repasser tout ce que nous venons de faire. Mais hélas! tu n'y seras point. Adieu mon amour.

Frère Côme. Adieu... Adieu Julie.

FIN.

www.ingramcontent.com/pod-product-compliance
Ingram Content Group UK Ltd.
Pitfield, Milton Keynes, MK11 3LW, UK
UKHW021032180726
13838UKWH00004B/1743